CARLA RODRIGUES

BREVE HISTÓRIA CRÍTICA DO FEMINISMO NO BRASIL

CADERNOS
ULTRAMARES

ORGANIZAÇÃO E PROJETO GRÁFICO

Marcos Lacerda, Ana Paula Simonaci e Sergio Cohn

CONSELHO EDITORIAL

André Botelho

Bernardo Esteves

Boaventura de Souza Santos

Evelyn Goyannes Dill Orrico

Fréderic Vanderberghe

José Luis Garcia

Maria João Cantinho

Renato Rezende

Teresa Arijón

Vagner Amaro

ISBN 9786586962444

azougue press |

coordenação geral Sergio Cohn

coordenação editorial

Sergio Cohn — Darien Lamen — Cristián Jiménez Plaza

Brasil | CNPJ 12.272.339/0001-26

Portugal | Oca Editorial NF 515805394

USA | E. Id. 803650511

Chile | Tucán Ediciones RUT 77.369.106-1

A proposta dos Cadernos Ultramares é transpor fronteiras. Não apenas geográficas, com a edição de um amplo panorama do pensamento brasileiro para o público português, mas também entre as áreas do saber, criando uma coleção transdisciplinar, acessível não apenas para leitores especializado, pesquisadores e acadêmicos, como para interessados em geral.

Para isto, os Cadernos Ultramares privilegiam a leveza do ensaio, a "brigada ligeira", utilizando-se de um gênero marcado pela abertura e experimentação, uma forma privilegiada para a proposição e a apresentação de interpretações da cultura e da sociedade. Nos últimos anos, o gênero ensaio tem sido revalorizado como um importante meio de diálogo entre a pesquisa acadêmica e a sociedade.

O Brasil possui uma produção riquíssima de pensamento em diversas áreas, que vão da física à antropologia, da matemática às artes. Os Cadernos Ultramares, ao trazerem importantes textos de alguns dos nossos mais renomados pensadores, sejam clássicos ou contemporâneos, busca possibilitar ao leitor um olhar amplo e qualificado sobre essa produção.

Interessa-nos a constituição de um diálogo entre áreas, de uma conversa aberta que escape das armadilhas do pensamento especializado e do produtivismo acadêmico. Interessa, antes de tudo, a valorização do encontro do leitor com o sabor do texto, do prazer da leitura e da troca livre de pensamento.

apresentação

POR ana paula simonaci

Carla Rodrigues é uma das principais pesquisadoras a se dedicar aos estudos feministas hoje no Brasil. Sendo, desde 2013, professora da cadeira de Ética no Departamento de Filosofia da UFRJ, onde trabalha com o pensamento da filósofa Judith Butler, e uma das coordenadoras do projeto Epistemologias Femininas, Carla tem se tornado uma referência no tema, pelo rigor e pela coragem da sua abordagem.

O seu trabalho é um esforço para um pensamento crítico sobre o feminino, associado ao pensamento contemporâneo dos estudos de gênero, com atenção para a subjetividade, a performance, a alteridade, a ética e sobretudo ao literário e ao filosófico. É uma pesquisa de longo termo e fôlego, tendo como base autores como Judith Butler, Jacques Derrida, Jacques Lacan e Walter Benjamin, entre outros.

Em tempos de forte movimentação em torno do assunto de gênero no Brasil e no mundo, que lidam com diferentes esferas da sociedade, desde o político e econômico até o cultural, ler livros de Carla, como

Coreografia do feminino (Editora Mulheres, 2009), em que traz como referência a dança que Emma Goldman evocava no século XIX para apresentar reflexões que aparecem no entrelaçamento entre as proposições do filósofo Jacques Derrida e as teóricas feministas, é um farol sinalizando caminhos de orientação precisa sobre o pensar filosófico do feminino na contemporaneidade.

Neste volume dos Cadernos Ultramares, apresentamos três textos de Carla Rodrigues: "Breve história crítica do feminismo no Brasil" (publicado originalmente na revista *Serrote* nº 30, em janeiro de 2019), "Erguer, acumular, quebrar, varrer, erguer..." (publicado originalmente na revista *Serrote* nº 24, em novembro de 2016) e "Problemas de gênero na e para a democracia" (publicado originalmente na revista *Ciência e Cultura* vol. 69, março de 2017). A reunião destes ensaios reforça não apenas a força teórica em torno do tema do feminino no Brasil, como o esforço contra o esquecimento dos registros históricos de uma sociedade que invisibiliza a mulher. A memória, o resgate e mapeamento de uma historiografia subterrânea esboçado por Carla é uma forma de resistência que se opõe a esse apagamento.

No primeiro ensaio, fazendo uma bela referência às tranças dos cabelos das mulheres negras ou as tramas das cestarias, Carla organiza o texto em quatro "feixes", buscando uma narrativa que fuja ao historicismo e a pretensão de um nexo causal entre os momentos. Como afirma a autora, "se é verdade que os feminismos são plurais e abertos, eles o são exatamente ali onde não podem se constituir numa história monumental".

Dessa forma, ao realizar uma tecelagem contemporânea e com um fluxo de pensamento rico de citações, os ensaios reúnem pegadas de um caminho para que interessados possam mergulhar em investigações mais profundas desse fio vermelho que percorre nossa história.

A relevância do texto de Carla Rodrigues se dá em erguer um ensaio rico de referências a pensadoras, organizando um forte pensamento político e criando estratégias de perpetuar vislumbres de diversos momentos onde mulheres se destacaram com grande força em múltiplos aspectos, trazendo na narrativa e na compilação, ou como chama, na "cestaria" desses "feixes", uma forma de esclarecimento e permanência.

Ao fazer um breve levantamento contemporâneo, inevitavelmente a autora nos faz querer saber mais sobre cada uma das obras e eventos citados em seus ensaios, que trazem uma profusão de informações efervescentes, de cunho literário, filosófico, histórico, de movimentos de mulheres, de resistências, da constituição dos estudos feministas, da recepção do conceito de gênero e do diálogo com as manifestações e teorias internacionais.

Ao apresentar, de um lado, a literatura de autores de diversos momentos, como Carolina Maria de Jesus (1914-1977), Conceição Evaristo (1946) e Ana Maria Gonçalves (1970) e, de outro, manifestações político-culturais como "Mulher negra tem história", mobilizações acadêmicas, movimento de coletivos de mulheres e movimentos poéticos como o atualíssimo Slam das Minas, a obra de Carla Rodrigues permite um fluxo livre de lembranças e de um contar de histórias e ideias, que se desenrola como um múltiplo caleidoscópio memorialístico.

Além de obras e eventos nacionais, Carla nos apresenta um importante olhar sobre o diálogo com outros países, sobre a difusão da informação em torno do tema de gênero, especialmente do feminino, no Brasil. Da escrita e da intelectualidade de mulheres, cita importantes divulgadoras e tradutoras. Como, por exemplo, Nísia Floresta, que traduziu o "Direitos das mulheres e injustiça dos homens", da feminista inglesa Mary Wollstonecraft, ainda em 1832. Também nos faz lembrar de importante editoras que abriram caminhos, como Danda Prado (1929) e Maria Amélia de Almeida Teles (1944) e Guacira Lopes Louro (1945), e das mais recentes Rose Marie Muraro (1930-2014) e Leila Gonzales (195-1994).

Carla Rodrigues se propõe a levantar diversos nós de uma trama ao longo da obra, entre eles, a importância dos movimentos internacionais e decoloniais, trazendo à luz o problema da colonização dos saberes, que nos colocariam numa condição de dependência em relação à produção intelectual internacional e a necessidade de maior conhecimento sobre a produção nacional e os caminhos da construção e desconstrução dos conceitos de gênero, que tem sido de recorrente discussão nos dias atuais no Brasil. O ensaio inicia uma discussão sobre a emergência da imprensa feminista e discute o surgimento do Conselho Nacional dos Direitos da Mulher, criado em 1985, iluminando também os movimentos diversos que vão emergir na luta política por direitos de classe, corpo e visibilidade da mulher.

O segundo ensaio do volume aborda os movimentos feministas contemporâneos nas redes sociais. A autora poeticamente o intitulou de "Erguer, acumular, quebrar, varrer e recomeçar", tendo como inspiração o livro *As ondas*, de Virginia Woolf, para fazer uma metáfora à discussão das "ondas" feministas ao longo de décadas, discutindo os desafios das "entre-

-ondas" e de se erguer em cada quebra-mar, atenta as repetições e as diferenças entre os séculos de lutas sociais.

Carla Rodrigues não deixa de mencionar o feminismo interseccional, importante discussão no movimento feminista contemporâneo, desenrolando o seu pensamento sobre as desigualdades raciais, geracionais, de classe, e de orientação e identidade de gênero, mencionando grandes obras e nomes como Heleieth Saffioti, que no Brasil dos anos 1970 falava num sistema de opressão que ela chamou de patriarcado-racismo-capitalismo, e de Lélia Gonzalez, que vai afirmar que "ser negra e mulher no Brasil é ser objeto de tripla discriminação", ou ainda, Monique Wittig, que na França dos anos 1980, num célebre artigo intitulado "Não se nasce mulher", contesta Simone de Beauvoir quanto à naturalidade da divisão da humanidade apenas entre homens e mulheres.

Com tantas partes de um caleidoscópio ativo e memorialístico, o presente volume se encerra com uma imprescindível discussão sobre democracia, problemas de gênero e violência, trazendo o pensamento de Judith Butler, enfatizando o corpo como um fenômeno social, exposto e vulnerável, em uma sociedade na qual a sobrevivência depende de condições e instituições sociais. Lembrando com clareza e precisão que os corpos são marcados e expostos à violência do Estado, direta e indiretamente, a partir de uma linha de pensamento rica de conceitos filosóficos de diferença, completa sua tecelagem com explanações sobre imunidade, autoimunidade e estado de exceção, ao articular os problemas da democracia com os problemas de gênero.

O presente volume dos Cadernos Ultramares, ao apresentar a importante obra de Carla Rodrigues em três ensaios que abordam alguns dos seus principais objetos de estudo e intervenção, é um relevante documento da vitalidade do pensamento histórico e contemporâneo sobre o feminino no Brasil.

BReve HiSTÓRia CRÍTiCa DO FeMiNiSMO NO BRaSiL

Das mulheres, já se disse muita tolice. Para que não alcançassem a cidadania, Rousseau as restringiu à esfera privada. Kant confinou-as à pura sensibilidade e, ao deixá-las de fora do campo da razão, manteve-as longe da ciência. Devido ao suposto mistério envolvendo sua sexualidade, Freud considerou-as um enigma indecifrável. Excluídas da história, criaram uma historiografia própria para se opor ao apagamento e à invisibilidade da existência, fazendo do ato de contar a própria trajetória uma forma de resistência.[1] Dicionários nomeiam, classificam e ordenam as pensadoras como forma de articular política editorial e estratégias de perpetuar a memória onde havia esquecimento.[2]

---

1 Destaco o trabalho da francesa Michelle Perrot, autora, entre outros tantos títulos, da inspiradora coletânea de ensaios *Os excluídos da história: operários, mulheres e prisioneiros*. São Paulo: Paz e Terra, 2017.

2 Schuma Schumaher e Érico Vital Brazil, *Dicionário Mulheres do Brasil*. Rio de Janeiro: Zahar, 2000; Nelly Novaes Coelho, *Dicionário*

Esta breve história dos feminismos é costurada a partir do entrelaçamento de quatro feixes, quatro linhas históricas que serão trançadas como os cabelos das mulheres negras ou como as tramas das cestarias, nas quais a trama é menos visível do que a forma final que os fios produzem. Quero contar uma história despida de qualquer historicismo, de qualquer pretensão a estabelecer um nexo causal entre vários momentos, uma história que parte do tempo do agora.

"O histórico e o a-histórico são na mesma medida necessários para a saúde de um indivíduo, um povo e uma cultura", escreve Friedrich Nietzsche em sua *Segunda consideração intempestiva*, de 1874,[3] cujo subtítulo instiga quem se engaja na historiografia – "da utilidade e da desvantagem da história para a vida". O texto entrou para a tradição filosófica como tendo exercido grande influência sobre as *Teses sobre o conceito de história* (1940), em que Walter Benjamin propõe, entre tantas outras coisas, capturar o passado

crítico de escritoras brasileiras. São Paulo: Escrituras, 2002; Helena Hirata, *Dicionário crítico do feminismo.* São Paulo: Editora Unesp, 2009; Béatrice Didier, Antoinette Fouque, Mireille Calle-Gruber, Le *Dictionnaire universel des créatrices.* Paris: Éditions des Femmes, 2013; Ana Maria Colling e Losandro Antonio Tedeschi, *Dicionário crítico de gênero.* Dourados: Editora UFGD, 2015.
3 Friedrich Nietzsche, *Segunda consideração intempestiva: da utilidade e da desvantagem da história para a vida.* Trad. Marco Antonio Casanova. Rio de Janeiro: Relume-Dumará, 2003.

"somente como imagem que lampeja no instante de sua recognoscibilidade, para nunca mais ser vista". O argumento começa na tese V e continua na VI: "Articular o passado historicamente não significa conhecê-lo 'tal como ele propriamente foi'", mas "capturar uma imagem do passado como ela inesperadamente se coloca para o sujeito histórico no instante do perigo. O perigo ameaça tanto o conteúdo dado da tradição quanto os seus destinatários."[4] Se é verdade que os feminismos são plurais e abertos, eles o são exatamente ali onde não podem se constituir numa história monumental. Escrita a partir do encontro de Nietzsche com Benjamin, esta pequena história é crítica e se tece costurando quatro fios: os movimentos de mulheres e suas resistências; a constituição dos estudos feministas; a recepção do conceito de gênero e seus desdobramentos teóricos; e as relações internacionais tanto dos movimentos quanto das teorias. A cada tempo, a cada nó ou a cada onda, esses cruzamentos se modificam conforme a trama, como se as tranças fossem *ao mesmo tempo* hierárquicas e rizomáticas, lógicas e borromeanas, compatibilizando

---

4 Estou citando a tradução das teses feita por Jeanne Marie Gagnebin e Marcos Lutz Müller, publicada em Michael Löwy, *Walter Benjamin: aviso de incêndio. Uma leitura das teses "Sobre o conceito de história"*. São Paulo: Boitempo, 2005.

sistemas contraditórios entre si. Nessas amarrações, há movimentos de busca de elementos históricos, assim como há descontinuidades, curtos-circuitos onde algo parece se perder para vir a ser retomado depois. É como se o aforismo de Nietzsche – da história, trata-se de saber o que lembrar e o que esquecer – nem sempre funcionasse a contento. Há inúmeras iniciativas de reconstituição da trajetória dos movimentos de mulheres, seus erros, acertos e descontinuidades.[5] Por vezes, cai no esquecimento aquilo que teria potência histórica; em outros casos, lembram-se de mais episódios que poderiam ser, senão esquecidos, pelo menos trançados com outros fios da memória.

#FIO 1 – RESISTÊNCIAS

A ressignificação da figura histórica de Luíza Mahin como mito libertário da escravidão tem sido, desde a publicação de *Um defeito de cor* (2006), o romance premiado de Ana Maria Gonçalves (1970), mola propulsora para o fortalecimento do movimento de mulheres negras e fundamental para desenhar

---

5 Apenas como exemplo, cito duas autoras que vêm se dedicando a contar histórias dos feminismos no Brasil: Céli Regina Jardim Pinto, *Uma história do feminismo no Brasil*. São Paulo: Editora Fundação Perseu Abramo, 2003; Rachel Soihet, *Feminismos e antifeminismos*. Rio de Janeiro: 7Letras, 2017.

novos símbolos, contrários à violenta associação entre ser negra e ser subalterna. Ex-escrava, Luíza liderou, no século 19, a revolta dos Malês, descrita por Ana Maria e tomada como ponto de resistência das mulheres negras e de oposição à tradição de subserviência. Faz parte desse movimento a criação do Dia de Tereza de Benguela e da Mulher Negra no calendário da cidade do Rio de Janeiro, a ser comemorado no dia 25 de julho, resultado da aprovação de projeto da vereadora Marielle Franco e também direcionado a enaltecer mulheres negras em posição de poder e resistência. Fenômenos parecidos podem ser encontrados nas diferentes formas de retomada das obras de escritoras como Carolina Maria de Jesus (1914-1977) e Conceição Evaristo (1946) – só recentemente reconhecida pelo grande público, embora veiculasse seus textos desde os anos 1980 nos *Cadernos Negros*, série anual de coletâneas de poesia e prosa dedicada a dar espaço e visibilidade a autoras e autores negros. A estratégia de voltar ao passado tem sido fundamental para as coletivas nas universidades, formadas por jovens que, em muitos casos, são as primeiras da família a escapar do trabalho doméstico para uma promessa de vida intelectual. O recurso a outra visão do passado tem produzido muitos efeitos no presente. Do slogan "Mulher negra tem história" à multiplicação de pesquisas acadêmicas,[6] passando pela mobilização semanal de 120 coletivos de mulheres negras que se reúnem na capital paulista, há também as novas candidatas para os parlamentos estadual e federal, as disputas de poesia como o Slam das Minas, e a publicação, pela Companhia das Letras, de *Quem tem medo do feminismo negro?* (2018), de Djamila Ribeiro (1980). Além de autora, Djamila edita o selo Feminismos Plurais, da editora Letramento, que reúne obras de mulheres negras e títulos sobre racismo. Ainda que mais tímidos, há também fios trançados em torno da memória da feminista Lélia Gonzalez (1935-1994). Uma biografia de Lélia e a reedição de seus ensaios prometem ser parte desse desenho.[7] Sua obra foi escrita em intenso diálogo com a feminista norte-americana Angela Davis, hoje mais editada aqui (com três títulos traduzidos nos últimos dois anos pela Boitempo) do que a brasileira.

A estratégia das mulheres negras de recuperação da sua história é similar a um tipo de proposta comum

6 Gostaria de destacar, no movimento de valorização da trajetória de Luíza Mahin, o trabalho de Dulcilei da Conceição Lima, *Desvendando Luíza Mahin: um mito libertário no cerne do feminismo negro*. Dissertação de mestrado em Educação, Arte e História da Cultura, Universidade Mackenzie, São Paulo, 2011.
7 Alex Ratts e Flavia Rios, *Lélia Gonzalez*. São Paulo: Selo Negro Edições, 2010; *Lélia Gonzalez, Primavera para as rosas negras*. São Paulo: Território Africano, 2018.

em outro grupo de mulheres, a geração que, anterior à segunda onda do feminismo, ficou imprensada entre as sufragistas e a explosão que viria nos anos 1970. É um grupo heterogêneo, formado principalmente por escritoras e intelectuais que, no rastro do Movimento Modernista de 1922, tomam como óbvio aquilo que na verdade era ainda muito estranho: que mulheres pudessem ser intelectuais e ocupar o espaço público e, sobretudo, o lugar do pensamento, da arte e da escrita. Esse momento das mulheres de letras no Brasil da primeira metade do século 20 é fundamental para abrir caminhos para as que viriam a seguir. Inclui Clarice Lispector (1920-1977), por exemplo, assim como Carmen da Silva (1919-1985), que fez história como editora e colunista na revista *Claudia*.[8] É desse período também a literatura de Ruth Guimarães (1920-2014), mulher negra cujo romance de estreia, *Água funda* (1946, relançado em 2018 pela Editora 34), recebeu elogios e prefácio de Antonio Candido: "É um romance, mas escrito como se fosse prosa fiada, como se fosse narrativa caprichosa que vai indo e vindo ao sabor da memória, ao jeito dos contadores de casos. Esta primeira impressão é justa, mas não deve escon-

---

8 Ana Rita Fonteles Duarte, *Carmen da Silva: o feminismo na imprensa brasileira*. Fortaleza: Expressão Gráfica; Edições Nudoc, 2005.

der do leitor o que há neste livro de composição deliberada, de técnica bastante complexa, rica em elipses, em saltos temporais, em subentendidos." Raça, classe ou gênero não aparecem na avaliação de Candido.

Era um tempo em que escritoras flertavam com o que então se chamava "a questão feminina", como Lygia Fagundes Telles (1923) ou Marina Colasanti (1937), e discutiam os problemas do gênero literário. "Existe uma literatura feminina?" era uma pergunta a embalar algumas daquelas mulheres de letras. Merece destaque o trabalho da pesquisadora Zahidé Muzart (1939-2015), cuja carreira docente na UFSC foi dedicada à recuperação de autoras brasileiras ignoradas pelo cânone literário. Publicou livros, orientou pesquisas de mestrado e doutorado, fundou a Editora Mulheres – espelhada na iniciativa francesa da Éditions des Femmes, liderada pela feminista Antoinette Fouque – e foi pioneira na edição da crítica literária sobre Hilda Hilst (1930-2004).[9] Zahidé compilou autoras brasileiras como Emília Freitas (1855-1908) e Júlia Lopes de Almeida (1862-1934) e tornou conhecida a trajetória de Nísia Floresta (1810-1885),[10] o que

9 Vera Queiroz, *Hilda Hilst: três leituras.* Florianópolis: Editora Mulheres, 2000.
10 Constância Duarte, *Nísia Floresta: a primeira feminista do Brasil.* Florianópolis: Editora Mulheres, 2005.

nos remeteria a outros fios dessa trama: a estratégia de legitimar as pautas feministas brasileiras a partir de autoras estrangeiras e a permanente interlocução dos movimentos no Brasil com os movimentos internacionais.

#FIO 2 – ESCREVER, EDITAR, PUBLICAR

Traduzir e editar textos feministas tem sido fundamental para os movimentos de mulheres desde que, no final do século 19, a educadora Nísia Floresta verteu "livremente" textos da feminista inglesa Mary Wollstonecraft, publicando *Direitos das mulheres e injustiça dos homens* em 1832 e entrando para a história como precursora intelectual dos ideais feministas de igualdade e emancipação.[11] A estratégia de se apresentar como tradutora se entrelaça com a busca de legitimidade internacional para seus escritos, fio que vai se encontrar, na segunda metade do século 20, com o trabalho de Rose Marie Muraro (1930-2014), coor-

11 Nísia Floresta, *Direito das mulheres e injustiças dos homens*, publicado em Recife em 1832, em Porto Alegre em 1833, no Rio de Janeiro em 1839. Há uma quarta edição comentada por sua biógrafa, Constância Lima Duarte (São Paulo: Cortez, 1989). Durante muito tempo, o texto de Nísia foi citado como a primeira tradução de *A Vindication of the Rights of Woman: With Strictures on Political and Moral Subjects*, escrito em 1792 por Mary Wollstonecraft, hoje editado no Brasil como *Reivindicação dos direitos da mulher*. Trad. Ivania Pocinho Motta. São Paulo: Boitempo, 2016.

denadora do selo Rosa dos Tempos – hoje relançado pelo grupo Record – e editora de inúmeros textos fundamentais para a teoria feminista. Além do histórico *A mística feminina*, que trouxe a americana Betty Friedan ao Brasil nos anos 1970, há também o pioneirismo de *Feminismo como crítica da modernidade* (Rosa dos Tempos, 1991), onde está um dos primeiros textos de Judith Butler publicados em português, "Variações sobre sexo e gênero – Beauvoir, Wittig e Foucault", espécie de laboratório para o clássico *Gender Trouble* (1990), publicado no Brasil em 2003 como *Problemas de gênero*. Tem papel fundamental também o trabalho de Heloisa Buarque de Hollanda (1939) na edição de coletâneas feministas. Está em *Tendências e impasses: o feminismo como crítica da cultura* (Rocco, 1994), organizado por ela, o hoje clássico "Um manifesto para os cyborgs", de Donna Haraway, e "Quem reivindica a alteridade", de Gayatri Spivak, precursor de um dos textos fundadores do pensamento pós-colonial, *Pode o subalterno falar?* (Editora UFMG, 2010).

Percorrendo as linhas estratégicas da edição, é preciso mencionar também o trabalho de Danda Prado (1929). Quando chegou do exílio na França, nos anos 1980, Danda encontrou na Brasiliense uma linha editorial engajada, que procurava dar espaço para a publicação de autoras nacionais. A coleção Primeiros

Passos, idealizada por Caio Graco, irmão de Danda, e dirigida pelo jovem Luiz Schwarcz, servia aos interesses feministas de oferecer textos acessíveis a grupos militantes. Títulos como *O que é o feminismo*, *O que é o aborto* e *O que é a família* – este assinado pela própria Danda – foram parte da sua interseção entre ativismo e produção intelectual. É da Brasiliense também a primeira edição de *Breve história do feminismo no Brasil* (1993), de Maria Amélia de Almeida Teles (1944), reeditado como *Breve história do feminismo no Brasil e outros ensaios* (Alameda Editorial, 2017). Já à professora Guacira Lopes Louro (1945) coube o pioneirismo na recepção da teoria *queer*, em especial no campo da educação, incluindo a tradução da introdução de *Bodies That Matter – On the Discursive Limits of Sex* (1993), de Judith Butler, complemento necessário aos debates iniciados em *Gender Trouble*.[12] Faz parte dos desacertos nas leituras de Butler no Brasil a quase ignorância desse livro, onde estão algumas das respostas que ela oferece a críticas recebidas por *Problemas de gênero*.

12 Estou me referindo à publicação de "Corpos que pesam: sobre os limites discursivos do 'sexo'" em coletânea organizada por Guacira Lopes Louro com textos traduzidos por Tomaz Tadeu da Silva, *O corpo educado: pedagogias da sexualidade*. Belo Horizonte: Autêntica, 2000.

#FIO 3 – INTERNACIONAL E DECOLONIAL

Outro nó se amarra aqui. Enquanto os movimentos se animam com as leituras, na constituição do campo dos estudos feministas acontece o debate sobre o problema da colonização dos saberes, que nos colocariam numa condição de dependência em relação à produção intelectual internacional. Impulsionadas primeiro por críticas pós-coloniais, como a de Gayatri Spivak, e hoje pelo que se renomeou como pensamento *decolonial*, teóricas feministas brasileiras se engajam nas escavações de pensadoras brasileiras, como fez Zahidé, e em críticas de políticas de tradução com ênfase em nomes consagrados, legando ao esquecimento autoras indispensáveis nas bibliografias de pesquisa, mas nem sempre palatáveis ao mercado editorial. Destaco a coletânea *Traduções da cultura: perspectivas críticas feministas (1970-2010)*, volume que dá continuidade à estratégia de preencher lacunas bibliográficas e reúne a tradução de textos fundamentais para a teoria feminista. Inclui, por exemplo, "O riso da Medusa", de Hélène Cixous, "O pensamento *straight*", de Monique Wittig, "O olhar oposicional: espectadoras negras", de bel hooks, além de comentadoras brasileiras das respectivas traduções.[13]

13 Izabel Brandão, Ildney Cavalcanti, Claudia de Lima Costa e Ana Cecília A. Lima (orgs.), *Traduções da cultura: perspectivas críticas*

Táticas de guerrilha cumpriram a função de amarrar teoria e prática. Foi o que aconteceu, por exemplo, em relação a "The Traffic in Women: Notes on the 'Political Economy' of Sex" (1975), da antropóloga Gayle Rubin, considerado peça fundamental para a compreensão do sistema sexo/gênero e da crítica feminista à antropologia estruturalista de Lévi-Strauss. A necessidade de se valer desse texto nos debates políticos e o obstáculo de não haver edição em português fizeram com que três ativistas traduzissem o artigo, que começa a circular ainda em mimeo, depois em cópias xerox, muitas enviadas pelo correio. Foi editado pelo SOS Corpo, organização não governamental atuante na defesa dos direitos das mulheres.[14] Nos anos 1990, com a chegada da internet, passou a estar disponível online. Só em 2017 ganhou edição em livro.[15]

O ponto da crítica à bibliografia faz nó, por exemplo, com a criação, pela ONU, do Ano Internacional da Mulher. Era 1975, momento crucial para feministas e movimentos de resistência à ditadura

feministas (1970-2010). Florianópolis: Edufal/Editora Mulheres/ Editora da UFsC, 2017.

14 As tradutoras são Christine Rufino Dabat, Edileusa Oliveira da Rocha e Sonia Corrêa.

15 Gayle Rubin, "Tráfico de mulheres: notas sobre a 'economia política' do sexo", in *Políticas do sexo*. Trad. Jamile Pinheiro Dias. São Paulo: Ubu, 2017.

civil-militar, unidos apesar das diferenças internas (bons tempos...). A importância do apoio internacional pode ser encontrada no balanço dos 40 anos de atuação da Fundação Ford no Brasil,[16] cujo trabalho no país começa em 1962 e chega aos anos 1990 com o financiamento a projetos sociais de mulheres e para mulheres. Desde o final dos anos 1950, a Ford seguia uma preocupação comum à época: o crescimento populacional em países em desenvolvimento. No Brasil, deu apoio decisivo para áreas como demografia, planejamento familiar e reprodução, tendo participado da chamada transição demográfica brasileira, que significou, nas décadas de 1970 e 1980, a queda do número de filhos por mulher. Nos anos 1990, o programa foi revisto, por ser considerado "controlista" e muito ligado a abordagens médicas, e a Ford passou a atuar junto aos movimentos de mulheres e às comunidades de base. Assim, a área deixa de se chamar População para tornar-se aberta a outros temas e ser rebatizada de Sexualidade e Saúde Reprodutiva, com expressivo apoio à agenda da ONU.[17] Estratégias de internacio-

16 Nigel Brooke e Mary Witoshynsky (orgs.), *Os 40 anos da Fundação Ford no Brasil: uma parceria para a mudança social.* São Paulo: Edusp; Ford, 2002.
17 Conforme relato de Cecília de Mello e Souza em "Dos estudos populacionais à saúde reprodutiva", in *Os 40 anos da Fundação Ford no Brasil,* op. cit.

nalização ganham reforço, em menor grau de investimento, da Fundação MacArthur, cujo programa de bolsas foi responsável pela formação de lideranças feministas em diferentes áreas de atuação.

Uma das peculiaridades no trabalho da Fundação Ford foi apoiar pesquisas acadêmicas. Em 1996, começou a financiar o Programa em Gênero, Sexualidade e Saúde Reprodutiva, coordenado pela antropóloga Maria Luiza Heilborn (1953) no Instituto de Medicina Social (Uerj), onde de novo se cruzam dois feixes desta trama: o desenvolvimento do campo universitário e a recepção do conceito de gênero na pesquisa sobre mulheres – nas ciências sociais em geral e na antropologia em particular. Na linha da constituição dos estudos de gênero, o apoio à *Revista de Estudos Feministas*, criada na UFRJ e hoje editada pela UFSC, é ponto de amarração entre teoria e prática. Em tese de doutorado[18] recém-defendida na Unicamp, a pesquisadora Marília Moschkovich (1986) retoma a recepção do conceito de gênero entre os anos 1980 e 1990. Dedica o trabalho às antropólogas Maria Luiza Heilborn e Elisabeth Souza-Lobo (1943-1991),

18 Marília Moschkovich, *Feminist Gender Wars: a recepção do conceito de gênero no Brasil (1980s -1990s) e as dinâmicas globais de produção e circulação de conhecimento.* Tese de doutorado, Programa de Pós-Graduação em Educação da Unicamp, Campinas, 2018.

duas mulheres que são parte importante nessa costura. O percurso de Maria Luiza, por exemplo, passa pelos quatro fios entrelaçados aqui: atuação no movimento de mulheres, constituição do campo de pesquisa, recepção do conceito de gênero, com formação de pesquisadoras na área, e interlocução internacional como pioneira no projeto financiado pela Ford em 1996. Haveria muitas outras autoras a citar, legadas ao esquecimento, talvez porque cada vez mais as bibliografias de pesquisa sejam feitas nas prateleiras dos lançamentos das livrarias e menos nas empoeiradas estantes das bibliotecas.

Em termos de internacionalização, a década de 1990 foi marcada por conferências da ONU, desde a Rio 92, onde as organizações feministas estiveram representadas no "Planeta fêmea" — montado no aterro do Flamengo a fim de dar visibilidade aos projetos com e de mulheres ao redor do mundo —, passando pela Cairo 94, com o tema da população, e Beijing 95, abordando os direitos das mulheres. Foram pelo menos 20 anos de intensa participação brasileira em redes internacionais. Desse período se trança uma iniciativa contemporânea, costurada desde 2002, o Observatório de Sexualidade e Política (SPW, na sigla em inglês), sediado na Associação Brasileira Interdisciplinar de Aids e dirigido por Sonia Corrêa (1948) e

Richard Parker, ambos articuladores dos ativismos nacionais com os internacionais.

#FIO 4 – CONSTRUÇÃO E DESCONSTRUÇÃO DO CONCEITO DE GÊNERO

No eixo da formação acadêmica, a geração precursora da segunda onda do feminismo, nos anos 1970, se inspirou no admirável trabalho da socióloga Heleieth Saffioti (1934-2010). Sua tese de livre-docência defendida em 1967 nas Ciências Sociais da Unesp antecipava, pelo viés marxista, o debate sobre as desigualdades sociais e econômicas que pesavam sobre as mulheres. Publicada em livro,[19] tornou-se referência nesse cruzamento entre materialismo e feminismo, em que as relações de poder entre homens e mulheres são pensadas em tensão dialética, o que em muitos movimentos contemporâneos infelizmente se perdeu na perspectiva simplista de opor vítimas e algozes. "Como na dialética entre o escravo e seu senhor, homem e mulher jogam, cada um com seus poderes. O primeiro para preservar sua supremacia, a segunda para tornar menos incompleta sua cidadania", escreve Saffioti num artigo da coletânea *Uma questão de gê-*

19 Heleieth Saffioti, *A mulher na sociedade de classes: mito e realidade*. Petrópolis: Vozes, 1976.

nero, editada em 1992 pela Fundação Carlos Chagas como balanço dos primeiros 15 anos de recepção do conceito de gênero nos estudos brasileiros. Embora seja impossível encontrar o único ponto de costura inicial dessa rede, ou exatamente por isso, vale a pena seguir a tese de Marília, que reconta a criação do primeiro grupo de trabalho sobre gênero na Associação Nacional de Pós-Graduação e Pesquisa em Ciências Sociais (Anpocs). Em 1990, dois núcleos estudavam temas ligados às mulheres, um voltado para a participação na política e outro, para a inserção no mercado de trabalho. A decisão de se unirem em um novo grupo, "O caráter transversal do gênero nas ciências sociais", coordenado pela economista Lena Lavinas (1953), promoveu a criação do primeiro núcleo oficial de pesquisa sobre gênero no país.

Aqui, vale a pena fazer um *point de capiton*, aquele usado no capitonê francês, metáfora lacaniana para o ponto de interrupção da rede de significantes pensada pela linguística estruturalista. Hoje sob ataque cerrado de "ideólogos" que enxergam nele o fim da família — e quiçá da humanidade — ou de teóricos que consideram necessário substituí-lo pela crítica à heteronormatividade, o conceito de gênero se estabelecia na década de 1990 a partir de sua construção política e discursiva em prol do debate sobre diferença sexual e assimetria do papel de homens e mulheres na vida social. Fazendo eco a um debate sobre o quanto o termo "gênero" poderia estar subsumindo a categoria mulher, Maria Luiza Heilborn escreve: "Em geral, a entrada da perspectiva do gênero foi saudada como uma grande renovação nas ciências sociais [...]. Nos primeiros momentos imaginou-se que uma revolução estava em curso nas ciências sociais, mas um balanço um pouco menos ufanista assinala que a incorporação da perspectiva de gênero foi menos transformadora do que se supõe."[20]

Antropólogas de ontem e de hoje continuam trabalhando e criticando o conceito de gênero, com amarrações, por exemplo, na sua recente expansão para o campo da filosofia. Em que pese o pioneirismo de Maria de Lourdes Borges (1961) e Marcia Tiburi (1970) em seminários e publicações sobre a mulher na filosofia no início dos anos 2000, é preciso registrar o quão recente é a criação do primeiro grupo de trabalho sobre filosofia e gênero na Associação Nacional de Pós-Graduação em Filosofia (Anpof), reunião dos programas de pós-graduação em filosofia nas universidades brasileiras. Apenas em 2016, por iniciativa de

---

20 Maria Luiza Heilborn, "De que gênero estamos falando?". *Sexualidade, gênero e sociedade*, Rio de Janeiro, v. 1, n. 2, 1994, pp. 1-8, apud Marília Moschkovich, op. cit., p. 30.

Susana de Castro Amaral Vieira (1967), o tema foi institucionalizado num ambiente filosófico que há dez anos considerava Simone de Beauvoir "apenas" uma grande escritora francesa premiada. Entre as precursoras das pesquisas sobre a filósofa francesa está a mineira Magda Guadalupe dos Santos (1957), participante assídua dos congressos anuais da Simone de Beauvoir Society. Até bem pouco tempo atrás, ainda era necessário justificar diante de agências de fomento a realização de pesquisas sobre Beauvoir em filosofia. Entre o Fazendo Gênero e o (Des)fazendo Gênero, dois encontros em torno da recepção do conceito nas ciências sociais, a filosofia chega para ampliar o caráter multidisciplinar do gênero.

Na história, em certa medida impulsionadas pela importância do trabalho de Joan Scott — no artigo "Gênero: uma categoria útil de análise histórica", cuja tradução fez parte do fio estratégico da edição de textos fundamentais[21] —, muitas feministas se engajam na costura entre o passado e o contemporâneo. É de imensa relevância a pesquisa da historiadora Margareth Rago (1948) sobre o pensamento anarquista-libertário de Maria Lacerda de Moura (1887-1945),

---

21 Joan Scott, "Gênero: uma categoria útil de análise histórica". Trad. Guacira Lopes Louro. *Revista de Educação e Realidade*, Porto Alegre, v. 15, n. 2, 1990.

escritora, militante anarquista, dedicada a pensar formas anti-hierárquicas de viver e engajada na luta internacional antifascista, em diálogo com a italiana Luce Fabbri (1908-2000) e com anarquistas latino-americanas, principalmente as argentinas. Maria Lacerda de Moura começa a publicar seus textos em 1908, mas será entre as décadas de 1910 e 1930 que seus livros estarão carregados de críticas à situação social da mulher e à moral sexual opressora. Amor livre, amor plural, educação sexual, direito ao prazer e prostituição são alguns dos temas abordados por ela e que se amarram à emergência dos atuais coletivos feministas anarquistas, aos grupos defensores do poliamor e à mobilização das prostitutas pela legalização da profissão. A pesquisa de Margareth sobre a atuação política de Maria Lacerda de Moura está a serviço do seu interesse em contestar a narrativa hegemônica do feminismo branco e bem-comportado da burguesia.[22] Significa dizer, no rastro das manifestações de junho

22 Mais sobre a figura histórica de Maria Lacerda de Moura nas leituras de Margareth Rago, "Entre o anarquismo e o feminismo: Maria Lacerda de Moura e Luce Fabbri", Revista Verve. São Paulo, n. 21, 2012, pp. 54-78; Miriam L. Moreira Leite, *Outra face do feminismo: Maria Lacerda de Moura*. São Paulo: Ática, 1984; Liane Peters Richter, Emancipação feminina e moral libertária: Emma Goldman e Maria Lacerda de Moura. Dissertação de mestrado, Programa de Pós-Graduação em História da Unicamp, Campinas, 1998, defendida sob orientação de Margareth Rago.

de 2013 e da expansão das formas anarquistas de política, aí incluindo os movimentos antiencarceramento, que há grandes lacunas a preencher para costurar as lutas futuras com as passadas. São inúmeras as tentativas de ligações históricas desses nós tramados entre as mulheres de hoje e de ontem, e há sempre aquilo que resta a ser contado, costurado, amarrado e lembrado.

#CESTARIA

Da reedição de *Parque industrial*,[23] de Patrícia Galvão, a Pagu (1910-1962), à emergência de uma imprensa feminista[24] para se contrapor ao velho modelo da imprensa feminina, passando pela volta das velhas tensões entre esquerda e feminismos, indicadas no neologismo "esquerdomacho" – termo que poderia ter sido criado pelas militantes feministas, sempre enfrentando dificuldade com a pauta de mulheres nos movimentos de resistência à ditadura –, os pontos de encontro são muitos. As mulheres da periferia de São Paulo da década de 1970 se reconheceriam nos movimentos de negras em favelas, assim como as pro-

23 São Paulo: Linha a Linha, 2018.
24 Destaco a pesquisa *Comunicação e gênero: as narrativas dos movimentos feministas contemporâneos*, em que Ana Beatriz Rangel Pessanha da Silva faz um amplo levantamento de publicações feministas. Dissertação de mestrado, Programa de Pós-Graduação em Comunicação e Cultura da ECO/UFRJ, 2017.

tagonistas das campanhas de denúncia da violência contra a mulher estariam – e muitas delas ainda estão – nas Marchas das Vadias iniciadas a partir do Canadá em 2011. As mulheres negras de hoje gostariam de ter estado presentes numa das reuniões do primeiro Conselho Nacional dos Direitos da Mulher, criado em 1985, quando duas feministas se enfrentaram – a negra acusando a branca de "nunca abandonar sua atitude de sinhazinha" –, em termos não muito diferentes dos usados hoje pelas feministas negras para acusar as brancas de autoritarismo, racismo e hierarquia. As lésbicas, que já nos anos 1980 reivindicavam maior visibilidade dentro dos encontros feministas, gostariam de conversar com as mulheres trans, ainda invisíveis nas amplas pautas atuais, e talvez enfrentar juntas algumas das dificuldades de aceitação por parte de grupos mais radicais. As atuais redes de apoio político-jurídico a mulheres que buscam o direito ao aborto se encontrariam com as feministas que nos anos 1980 ofereciam suporte à interrupção de gravidez para mulheres pobres, para as quais as clínicas clandestinas de qualidade eram inacessíveis. Exemplo recente foi a mobilização em torno da jovem Rebeca Mendes (1987), que, depois de ver negado seu pedido junto ao STF de fazer um aborto legal, foi amparada pela Anis – Instituto de Bioética (organização não governamental feminista) para realizá-lo na Colômbia, onde a prática já está descriminalizada.

Mas se é verdade que, como argumenta Paulo Arantes,[25] vivemos em um tempo sem horizonte, encolhendo o nosso campo de ação por não dispormos mais de parte do futuro, também podemos voltar a Walter Benjamin para pensar que vivemos num tempo sem passado. Em 2018, ano do inominável assassinato da vereadora Marielle Franco (1979-2018), uma pequena história dos feminismos no Brasil talvez nos sirva para despertar, a partir da potência dos movimentos políticos que ela encarnava, algum tipo de esperança se não no futuro, pelo menos na tarefa da rememoração. A radiante mulher negra em seus turbantes e brincos coloridos havia sido eleita com o dito de campanha "eu sou porque nós somos", referência à força da comunidade contra a fraqueza da individualidade, outra forma de criticar o feminismo liberal branco de matriz individualista.[26] Os fios da resistência, da teoria, do conceito e das relações internacionais são entrelaçamentos entre teoria e prática,

25 Paulo Arantes, *O novo tempo do mundo e outros estudos sobre a era da emergência*. São Paulo: Boitempo, 2014.
26 Sobre esses limites, sigo as argumentações de Nancy Fraser em "O feminismo, o capitalismo e a astúcia da história". Trad. Anselmo da Costa Filho e Sávio Cavalcante. *Mediações*, Londrina, v. 14, n. 2, 2009, pp. 11-33.

outra das preocupações de Benjamin nas suas teses sobre o conceito de história, seja a partir da influência de György Lukács, seja pela importância do materialismo histórico na fase madura de sua obra. Uma das potências da rememoração está em trançar passado, presente e futuro para fora de qualquer linha de progresso, seguindo Max Horkheimer na sua proposição de que a transformação radical da sociedade e o fim da exploração não são uma aceleração do progresso, mas um *salto para fora* do progresso.

Somos, numa proposição de Max Weber tomada pelo antropólogo Clifford Geertz na definição de cultura, seres amarrados em teias de significado que nós mesmas tecemos, ou atados pela história que contamos sobre nós mesmas e sempre recontamos, porque é infinita a necessidade de separar o que lembrar e o que esquecer, e redesenhar as imagens que lampejam do passado, em constelações muito menos coerentes do que gostaríamos de acreditar. Se essas teias pudessem formar um cesto que contorna o vazio, configurar um receptáculo que dá lugar a todas as reivindicações e, mais, onde sempre pode caber a cada vez uma nova pauta política, passaríamos a propor transformações ao modo dos feminismos, que estão sempre sendo costurados, feitos, desfeitos e refeitos, a fim de tornar as nossas tramas outro modo de fazer revolução.

ERGUER, ACUMULAR, QUEBRAR, VARRER, ERGUER...

Para Angela Freitas, cuja onda feminista sempre nos revigora.

Aproximando-se da praia, cada uma erguia-se, acumulava-se, quebrava e varria pela areia um tênue véu de água branca. A onda parava, partia novamente, suspirando como um ser adormecido cuja respiração vai e vem inconscientemente.
VIRGINIA WOOLF, *As ondas*

Só para quem não estava prestando atenção direito a onda feminista que tomou as ruas desde o fim de 2015 pode ser es¬pantosa e surpreendente. Basta olhar um pouco mais de perto para perceber que, nem espantosa – porque o movimento das ondas é mesmo esse, varrer o solo por onde passa – nem surpreendente, essa onda vem de longe e está se acumulando faz tempo. No momento em que escrevo este ensaio, a quarta onda feminista pode estar no seu ápice. Navegam nesse oceano jovens, negras, mulheres trans, lésbicas, prostitutas, intelectuais etc. Principalmente etc. Há um mar de gente nesses movimentos a conjugar os verbos erguer, acumular, quebrar, varrer e recomeçar.

A #primaveradasmulheres, assim batizada em 2015, veio embalada pelas manifestações de 2013, pela criação de coletivos de mulheres e pela retomada das ruas desde 2011, quando começou a se espalhar, a partir do Canadá, a Marcha das Vadias. Fomos gritar #foracunha e protestar contra o Projeto de Lei 5069;[1] as negras exibiram seus cabelos no #orgulhocrespo e organizaram a Marcha Nacional das Mulheres Negras; ocupamos as redes para denunciar #meuprimeiroassedio; intelectuais ganharam espaço na campanha #agoraéquesãoelas; a #partidA se organizou como um novo movimento feminista a fim de aumentar nossa representação parlamentar; apoiamos a presidente Dilma Rousseff para pedir #ficaquerida, gritar #foratemer e denunciar a misoginia do golpe; a Marcha

1 O PL 5069 tem como objetivo voltar a obrigar as mulheres vítimas de estupro a fazer o boletim de ocorrência para ter direito ao serviço de aborto legal no sistema público de saúde. O projeto retrocede a 2005, quando a norma técnica do Ministério da Saúde (datada de 1998) foi atualizada, suspendendo essa exigência.

das Margaridas levou 100 mil mulheres a Brasília; o Think Olga liderou a mobilização #chegadefiufiu para dar um basta na naturalização do assédio, da violência sexual e da cultura do estupro; o transfeminismo confrontou o essencialismo das feministas radicais, as *radfems* [*radical feminists*], e reivindica espaço legítimo no movimento de mulheres; as *radfems* estão brigando contra a pornografia e a prostituição, e as prostitutas, lutando pelo direito de ter sua profissão regulamentada. Tudo isso acontece ao mesmo tempo, formando a quarta onda feminista. Ou seria a terceira? Ou não seriam ondas? Há razões para o feminismo ser contado em ondas? Houve a terceira onda e esta é a quarta ou esta é a terceira?

Nos feminismos, essas respostas são dadas por alianças e por tomada de posições.[2] Do meu ponto de vista, as ondas são uma metáfora útil para denunciar o vaivém da opressão. Ao longo do tempo, os feminismos têm estabelecido essa relação dialética de avan-

2 Aqui, estou me alinhando ao argumento da socióloga Bila Sorj, a fim de contabilizar a atual onda feminista como a quarta, e à filósofa feminista Magda Guadalupe dos Santos para defender a divisão dos feminismos em ondas. Refiro-me ao seu primoroso artigo "O feminismo na história: suas ondas e desafios epistemológicos", que reconstitui com rigor filosófico e histórico as ondas que vêm movimentando os feminismos ao longo do tempo. Ver Marcia Tiburi e Maria de Lourdes Borges (orgs.), *Filosofia: machismos e feminismos.* Florianópolis: Editora da UFSC, 2014.

çar até onde o mar chega antes de começar a recuar. São movimentos que começam a subir a partir da calmaria instável para se lançar contra a dureza da misoginia, da violência, do preconceito velado que ora submerge, ora volta à superfície. Do ponto mais próximo do pior, vem o melhor; do ponto mais próximo do melhor, vem o pior; eis a relação entre as ondas do mar e as ondas das mulheres, entre a política feminista e a dialética.

As reivindicações por direitos vão e voltam e são, a cada vez, contemporâneas ao seu modo. Há novidades, uma onda nunca é igual à outra; e há repetições. Basta observar as ondas inundando a areia para perceber que há repetição na diferença, e há diferença na repetição. A plasticidade do machismo estrutural na sociedade brasileira consegue abrir espaço no mercado de trabalho e manter a desigualdade salarial entre homens e mulheres, criar leis contra violência doméstica e sustentar uma cultura de culpar a vítima pela violência, fazendo com que a discriminação das mulheres mude na aparência para não mudar na essência. Todos os dias a misoginia continua atribuindo valor universal à cultura masculina. Existem o futebol e o futebol feminino, a litera-tura e a literatura feminina, e nessas infinitas distinções há sempre a ideia de que masculino e universal se confundem numa só categoria, enquanto o feminino permanece no lugar secundário e específico onde deve ficar confinado.

A subalternidade feminina foi identificada pela cientista política inglesa Carole Pateman como o "Dilema de Wollstonecraft": ou bem as mulheres se tornam cidadãs *como os homens* – e nesse caso ficam em segundo lugar em relação a eles – ou bem reivindicam direitos específicos para elas mesmas – e com isso estão condenadas a ser cidadãs de segunda classe no grande navio do poder. Antes presas ao espaço doméstico ou ao trabalho desqualificado, deixamos de ser exceção na esfera pública para viajar por mares nunca dantes navegados.

No começo dos anos 2000, o filósofo Gilles Lipovetsky me disse que o século 21 seria das mulheres. Fiquei surpresa. Até ali, carregava comigo a percepção do historiador Eric Hobsbawm de que o século 20 já havia sido o das mulheres. O direito ao voto foi se tornando universal nos países do Ocidente e, a este, outros direitos civis foram se somando. No entanto, enquanto Lipovetsky fazia sua profecia, os movimentos feministas enfrentavam uma crise provocada justamente pela constatação de Hobsbawm: tendo transformado as sociedades ocidentais, decretava-se o fim da necessidade dos movimentos feministas, de suas bandeiras, reivindicações, exigências e reclamações. Algo como "o que mais vocês querem?".

Os ataques inimigos foram muito bem diagnosticados pela norte-americana Susan Faludi,[3] feminista que denunciou a imensa quantidade de discursos retrógrados cuja intenção era nos fazer voltar para o mar sem fim das tarefas domésticas, do cuidado com a prole e com os cônjuges, sob a ameaça de perdê-los ou de nunca conquistá-los em caso de excesso de investimento em carreiras profissionais bem-sucedidas. O "cala a boca, mulherada" emergia exatamente no ápice da terceira onda feminista. Foi uma reação tão forte que ganhou adeptas inclusive entre mulheres, em práticas de ressignificação do trabalho doméstico não remunerado, o que logo se popularizou como um movimento de "volta ao fogão", usado como prova de que as bandeiras feministas precisavam mesmo ser superadas.

Obstáculos como violência, violação do corpo, subalternidade, sexualidade, maternidade, educação, mercado de trabalho, discriminação por sexo, gênero, idade, cor da pele vão e voltam no tempo e no espaço, levando em conta também as imensas diferenças regionais entre as mulheres brasileiras. Se é verdade

---

3 Susan Faludi, *Backlash: o contra-ataque na guerra não declarada contra as mulheres*. Rio de Janeiro: Rocco, 2001.

que as principais forças feministas estão lançadas nessa onda cujo ápice se torna visível hoje, é também verdade que esse acúmulo começa lá atrás, em uma vaga qualquer neste vasto oceano. Os movimentos feministas brasileiros não começaram em 2015, na Primavera das Mulheres; também não começaram 40 anos antes, em 1975, na lendária reunião na Associação Brasileira de Imprensa (ABI) que fundou a primeira organização de mulheres, o Centro da Mulher Brasileira (CMB); tampouco com Bertha Lutz e as sufragistas dos anos 1920 e 1930, ou mesmo com o pioneirismo de Nísia Floresta, no século 19. Quando se trata da história das mulheres, é mais prudente considerar que pode haver inúmeras ondas que nunca nos foram contadas, como a Revolta dos Malês, iniciada por mulheres negras na Bahia do século 19,[4] ou a força da revolta das quilombolas no século 16.

Se contarmos quatro ondas, temos na primeira, cujos movimentos começaram ainda no século 18 e se desdobraram até a Segunda Guerra Mundial, a luta por direitos civis básicos, como voto e educação. Começou quando aquilo que a história chama de início da modernidade política — a Revolução Francesa e seus ideais de liberdade, igualdade, fraternidade —

4 Como no romance de Ana Maria Gonçalves, *Um defeito de cor*. Rio de Janeiro: Record, 2003.

separou homens e mulheres a partir de seus direitos civis. Duas europeias — a francesa Olympe de Gouges e a inglesa Mary Wollstonecraft — denunciaram a cidadania universal como forma de nos excluir. Dali em diante, as sufragistas realizaram um grande feito para os países ocidentais ditos democráticos. Nunca houve democracia representativa antes de as mulheres, metade da população mundial, conquistarem o direito ao voto.

A segunda onda desdobra a primeira, cresce nos anos 1960 e 1970, junto a outros movimentos libertários, e vai até o início dos anos 1990. Foi o tempo dos sutiãs queimados, do grito contra a violência, da revolução sexual e da reivindicação de direito ao orgasmo, da ocupação das universidades e do mercado de trabalho, da descriminalização do aborto, da lei do divórcio, da emancipação formal, da ampliação dos direitos da mulher em muitos países ocidentais, da criação do Ano Internacional da Mulher, pela ONU, em 1975, e da transformação da pauta feminista de regional para internacional. No Brasil pós-ditadura militar, as feministas da segunda onda lutaram pela anistia, conquistaram o Programa de Assistência Integral à Saúde da Mulher (PAISM), fizeram o *"lobby* do batom"* na Constituinte de 1988, quando extinguiram o pátrio poder, tornando homens e mulheres igualmente responsáveis pelas famílias, e escreveram direitos fundamentais, como o de planejar o número de filhos, incluindo os difíceis confrontos com as forças religiosas. Recentemente, um grupo de mulheres juristas foi responsável pela formulação do anteprojeto que resultou na Lei Maria da Penha. São mudanças institucionais e culturais que transformaram a cara do século 20, como se pode ver nas ruas das grandes capitais, apesar das inúmeras discriminações que ainda enfrentamos todos os dias.

Gente que vive no mar — pescadores, marinheiros, velejadores, surfistas — acredita que as ondas fortes sempre vêm em sequência de três, e a terceira é a mais intensa. A mais alta. A mais forte. A mais ameaçadora, portanto. Ao mesmo tempo, é aquela depois da qual virá a calmaria. Por um tempo imprevisível, o mar se acomodará e as ondas suspenderão os verbos que conjugam: erguer, acumular, quebrar, varrer. Foi assim ao final da terceira onda feminista. Parecia haver uma calmaria que levaria o feminismo ao seu final. A força do mar tinha deixado marcas indeléveis nas areias movediças das diferenças internas entre os feminismos. A quarta onda emergiu exatamente a partir da aproximação do pior. Surgiu do risco de perder territórios já conquistados. Em mar revolto, em vez de afundar, como queriam nossos inimigos, crescemos.

Ou não, se levarmos em consideração uma das percepções críticas mais argutas dos últimos anos, a da feminista norte-americana Nancy Fraser.[5] Embora nunca tenham se constituído como unívocos, os movimentos de mulheres durante muito tempo mantiveram sua pluralidade interna nos porões dos nossos navios, de modo a não dar visibilidade ao equilíbrio instável sobre o qual os feminismos seguiam seus rumos. Desde que essa multiplicidade veio à tona, tem sido saudada como um avanço feminista. Só aos adversários interessa cobrar coerência interna dos movimentos de mulheres. Se o mundo é caos, heterogeneidade e confusão, então toda tentativa de dar univocidade ao poder apaga o conflito à força, em nome de um ideal de consenso no qual, na prática, vence a lei masculina. A filósofa Chantal Mouffe[6] recupera o caráter agonístico da política justamente a fim de denunciar a farsa dos consensos, da tolerância que mantém a diferença como marcador de discriminação e dos discursos de inclusão cujo objetivo é manter as coisas exatamente como estão.

5 Nancy Fraser, "O feminismo, o capitalismo e a astúcia da história". Trad. de Anselmo da Costa Filho e Sávio Cavalcante. *Mediações*, Londrina, v. 14, n. 2, 2009, pp. 11-33.
6 Especialmente no capítulo "Feminism, citizenship and politics", in *The Return of the Political*. Nova York/ Londres: Verso, 1993, e The Democratic Paradox. Nova York/ Londres: Verso, 2005.

Inspirada pelo trabalho de Luc Boltanski e Ève Chiapello,[7] Nancy Fraser percebe que há uma infeliz coincidência entre a segunda onda feminista e a expansão de práticas do capitalismo tardio. O uso do significante "coincidência" — recurso dos sociólogos franceses para não estabelecer relações de causa e efeito — possibilitou a Fraser articular as características da segunda onda com as do neoliberalismo sem cair na armadilha da relação de causalidade nem no argumento, tolo, de que os feminismos serviram ao capitalismo tardio. A argúcia de Fraser está em observar como a infinita plasticidade das práticas capitalistas tomou para si as transformações dos feminismos na cultura. Termos estratégicos como fragmentação, descentralização e desierarquização são os mesmos usados pelo pós-fordismo. Essa "perturbadora convergência" traz, no elogio à multiplicidade, o risco de dissolução. As diversas atuações feministas que apresento a seguir estão impregnadas por essa ambiguidade. São a emergência da quarta onda, a entrada em cena de cada vez mais pessoas, o elogio ao modo de fazer política sem a redução à falsa unidade do consenso. Mas no melhor também está o pior, no auge da onda também está seu maior risco de queda.

7 Escrevi sobre a coincidência no trabalho de Boltanski e Chiapello em "Os nomes do capital", publicado na *serrote*#9.

JOVENS E VADIAS

Para as jovens que nasceram sob o signo da emancipação — aqui entendida nos seus sinônimos mais estritos, como libertação, alforria e independência —, há retrocessos inaceitáveis. O mais exemplar é o constrangimento à sexualidade, algo que "naturalmente" seria impossível conter nos homens. Elas reeditaram o slogan "meu corpo, minhas regras" e criaram a Marcha das Vadias.[8] Surgida em 2011, no Canadá, depois que um policial propôs como estratégia de redução do número de estupros que as meninas não saíssem às ruas "vestidas como vadias", a Slut Walk rapidamente se espalhou, como uma onda, por diferentes países ocidentais. O Brasil aderiu no mesmo ano, e, aos poucos, a manifestação foi tomando o corpo das mulheres nas grandes capitais, como São Paulo, Rio de Janeiro e Brasília. A ideia de assumir o termo pejorativo e transformá-lo em mote de reivindicação já funcionara nos anos 1990, quando o movimento *queer* — um xingamento de difícil tradução, expressão norte-americana que poderia equivaler a "bicha" ou "viado" — também propôs ressignificar

8 A Marcha das Vadias é, para muitas teóricas, um marco inicial da quarta onda feminista. Ver mais sobre a importância das marchas em Carla Gomes e Bila Sorj, "Corpo, geração e identidade: a Marcha das Vadias no Brasil", *Sociedade e Estado*, v. 29, n. 2, 2014.

aquilo que pretendia desqualificá-lo. Alegre, carnavalesca e irreverente, a marcha recuperou o bom humor para boa parte do movimento de mulheres, cuja crescente institucionalização havia afastado a militância das ruas.

Muitas jovens feministas da quarta onda têm a pretensão de estar inventando o feminismo desde 2013, causa de tensão com as linhagens anteriores. Ao mesmo tempo, as mais velhas por vezes olham com arrogância para quem está chegando agora e nem sempre sabe ou se interessa pelo que aconteceu antes. Esse é um dos riscos das ondas feministas. Em certo momento, o mar recua da areia e é como se nunca tivesse passado por lá. A imagem serve para descrever os afastamentos entre gerações, que também não começaram agora. A mim, por exemplo, nunca passou pela cabeça agradecer a Bertha Lutz pelo sufragismo. Tendo nascido mais de duas décadas depois da conquista do voto feminino, sempre me pareceu natural e óbvio que mulheres também fossem eleitoras. Quem hoje tem 18 anos por vezes não faz ideia de como foi difícil chegar até aqui. Na década de 1980, por exemplo, os movimentos de mulheres impulsionaram a prática de promover encontros nacionais de militantes — engajadas em organizações de base, redes, grupos, ONGS — para discutir pautas de reivindicações, enquanto a teoria se constituía em diversas áreas de pesquisa como antropologia, literatura, psicanálise, ciências sociais, economia, filosofia. Desde 1994, as acadêmicas realizam na Universidade Federal de Santa Catarina o congresso feminista Fazendo Gênero, um marco na construção do campo dos estudos de gênero no Brasil, cujas discussões incluem um aspecto decisivo para qualquer corrente feminista hoje: qual o grau de colonização do pensamento feminista brasileiro em relação a autoras europeias ou norte-americanas? É ótimo que a quarta onda possa retomar a pergunta, tão pertinente em tempos pós-coloniais e de crítica à invisibilidade de pensadoras negras, latino-americanas ou indígenas.

MULHERES NEGRAS

Nos anos 1980, os movimentos de mulheres no Brasil tinham o fôlego da segunda onda e também seus problemas internos. Um episódio marcou para sempre a disjunção entre o feminismo de brancas e negras. Reunidas no Conselho Nacional dos Direitos da Mulher, duas feministas se confrontaram, a negra acusando a branca de "nunca abandonar sua atitude de sinhazinha". Dali em diante abriu-se uma dissidência importante, que evidenciava a hierarquia problemática na luta pelo poder. As mulheres negras denunciavam que nós, brancas, estávamos reproduzindo em relação a elas as mesmas opressões de que éramos alvo por parte dos homens. Sim, havia especificidades da luta das mulheres negras que não estavam sendo contempladas. Sim, as mulheres negras estavam invisíveis e minoritárias nas organizações de mulheres e, sim, era preciso pensar as discriminações cruzando pelo menos três elementos: gênero, raça e classe.

Em 1987, no IX Encontro Nacional Feminista, decidiu-se que era o momento de as mulheres negras fazerem um movimento próprio. No ano seguinte, acontecia no Rio de Janeiro o I Encontro Nacional de Mulheres Negras, com 450 participantes vindas de 19 estados, precedido por reuniões e seminários estaduais de mobilização e debate político. O ano era 1988, data das comemorações oficiais do centenário da abolição da escravatura. Era o que precisava para as mulheres negras contestarem a história oficial a fim de mostrar a persistência do racismo na sociedade brasileira, intrinsecamente ligado à escravatura, e suas ramificações particularmente violentas com as mulheres. Organizações de mulheres negras se multiplicaram a partir de então e foram constituindo suas bandeiras e reivindicações singulares. Por isso, quando, em 2015, a Marcha das Mulheres Negras levou 50 mil pessoas a Brasília para mostrar a cara da desigualdade e da violência racial, não foi nem espantosa nem surpreendente a emergência dessa onda feminista negra, cujas forças vinham se acumulando há muito tempo.

FEMINISMO INTERSECCIONAL

Nos anos 1970, coube às feministas marxistas apontar a insuficiência de exigir o fim da exploração do proletariado, demonstrando que nem todas as desigualdades podiam estar circunscritas à luta de classes. Havia desigualdades de gênero e de raça que se entrelaçavam e se sobrepunham às desigualdades de classe, de tal modo que era preciso pensá-las de forma articulada. Houve a separação histórica no interior do pensamento materialista, homens para um lado, mulheres para o outro. No Brasil dos anos 1970, Heleieth Saffioti[9] falava num sistema de opressão que ela chamou de *patriarcado-racismo-capitalismo*, e Lélia Gonzalez escrevia coisas como "ser negra e mulher no Brasil é ser objeto de tripla discriminação".[10] Ela se referia à subalternidade, tanto no mercado de traba-

9 Heleieth I. B. Saffioti, *A mulher na sociedade de classes: mito e realidade*. Petrópolis: Vozes, 1979.
10 Lélia Gonzalez, "A mulher negra na sociedade brasileira (uma abordagem político-econômica)", in Madel T. Luz (org.), *O lugar da mulher: estudos sobre a condição feminina na sociedade atual*. Rio de Janeiro: Graal, 1982.

lho quanto em casa, e à condição da "mulata" como mero objeto sexual. A partir de então, muito se fez e pensou sobre a interseccionalidade como forma de tentar abranger — sem hierarquizar — os diversos aspectos da exclusão da mulher negra. Hoje, comemora-se como um avanço desse debate o lançamento de *Mulheres, raça e classe*, de Angela Davis,[11] a marxista negra norte-americana cujas críticas à esquerda tocam exatamente neste ponto: não é possível manter a primazia da questão de classe sobre as outras formas de opressão. A tradução brasileira chega com prefácio de outra feminista negra, a paulista Djamila Ribeiro, cuja atuação no feminismo interseccional tem sido decisiva para a visibilidade desse modo de atuação.

FEMINISTAS RADICAIS

As *radfems* existem pelo menos desde a segunda onda feminista, mas neste momento ganham visibilidade no Brasil por causa de sua constante ofensiva contra a Lei Gabriela Leite, projeto que regulamenta a profissão de prostituta. São inspiradas pelo pensamento de duas teóricas norte-americanas, Andrea Dworkin e Catharine MacKinnon. Juntas, elas militaram intensamente contra o que consideram ser as

11 Angela Davis, *Mulheres, raça e classe*. São Paulo: Boitempo, 2016.

piores formas de exploração do corpo da mulher: a pornografia e a prostituição. As *radfems* estão também particularmente em evidência por suas posições — não consensuais, é verdade — contra as mulheres trans, a quem acusam de terem vivido os privilégios masculinos antes da transição e não reconhecem como mulheres ("a vagina não é original"). A posição contra as mulheres trans é de difícil sustentação, por qualquer abordagem que se queira dar. O feminismo nasce da percepção de que ter um corpo de mulher não pode ser justificativa ou fundamento para nenhum tipo de discriminação. Entre as premissas que sustentam os feminismos está a rejeição a uma essência feminina que nos identifique, a percepção de que o elemento feminino é constitutivo das subjetividades da formação de homens e mulheres; e de que biologia não é destino, para citar apenas alguns dos argumentos em jogo. Parece-me que a exclusão das mulheres trans é uma forma de retroceder a um ideal de essência do qual ainda estamos lutando para nos livrar. As *radfems* também não aceitam a hipótese de que homens possam vir a militar ao lado das mulheres feministas, o que, do meu ponto de vista, reforça a hipótese de que os homens são nossos inimigos, nublando a percepção mais ampla do sistema de opressão ao qual mulheres e homens estão submetidos —

ainda que em proporções diferentes — sempre que o elemento feminino está em jogo.

FEMINISTAS LÉSBICAS

Da mesma forma que em dado momento as mulheres negras não se sentiram representadas na segunda onda feminista, as lésbicas perceberam que as heterossexuais, cujas demandas eram dirigidas aos homens, tinham privilégios na pauta de reivindicações. Ao mesmo tempo, também não se sentiam contempladas no movimento gay, dominado por homossexuais masculinos. São pioneiras nas críticas à heteronormatividade, e muitas consideram o lesbianismo decorrência de ser feminista, no sentido de ser um modo de vida social e cultural do qual os homens não podem participar. Inspiraram-se sobretudo no trabalho da pensadora francesa Monique Wittig e na sua releitura pela filósofa Judith Butler, cuja contribuição também é fundamental para se refletir so-bre o marcador de abjeção do corpo da lésbica como aquela que recusa tanto o homem quanto a maternidade, dois destinos tidos como naturais para as mulheres. Na França dos anos 1980, num célebre artigo intitulado "Não se nasce mulher",[12] Wittig contestou

12 Monique Wittig, "On ne naît pas femme". *Questions Féministes*, n. 8, 19 80.

Simone de Beauvoir quanto à naturalidade da divisão da humanidade apenas entre homens e mulheres.

No panorama brasileiro atual, as feministas lésbicas estão associadas às feministas interseccionais, já que o marcador de lesbianidade as torna sujeitas a pelo menos mais um tipo de discriminação.

TRANSFEMINISMOS

Ao propor um feminismo que "não fosse feito em nome do sujeito mulher",[13] à primeira vista Butler parecia ameaçar o horizonte de vitórias da segunda onda feminista. Muitas de suas críticas eram pertinentes e nos forneceriam o oxigênio necessário para erguer a quarta onda. Afirmar o conceito de gênero como categoria útil de análise, como fez a filósofa Joan Scott,[14] foi durante muito tempo tarefa estratégica para denunciar como a diferença sexual fazia das mulheres seres inferiores nos mais diversos campos sociais, culturais e econômicos.

A partir do questionamento do conceito de gênero, a segunda onda feminista se viu diante de uma

13 Judith Butler, *Problemas de gênero Feminismo e subversão da identidade*. Tradução de Renato Aguiar. Rio de Janeiro: Civilização Brasileira, 2003.
14 Joan Scott, "Gênero: uma categoria útil de análise histórica", tradução de Guacira Lopes Louro. *Revista de Educação e Realidade*, Porto Alegre, v. 15, n. 2, 1990.

onda que se acumulava dentro dela mesma, donde a percepção de que a terceira onda tenha sido mais teórica, voltada para si. A constatação dos limites do conceito de gênero, ainda ancorado na polaridade masculino/feminino, chegou para promover a crítica da heterossexualidade normativa.

Tanto mar, tanto mar, e tanto ainda a fazer. Se os feminismos haviam se concentrado em mulheres e suas relações com os homens, mas ainda de um ponto de vista heterossexual, era preciso incluir outras formas de sexualidade e outras configurações de pessoas, como as trans e suas demandas de modificação corporal, necessariamente acompanhadas de direitos civis. Um novo oceano de questões se abria, com outras ondas e reivindicações. Em alguns momentos, parece um recomeço pelo mote "biologia não é destino", aquele iniciado em 1949 com a publicação de *O segundo sexo*, de Simone de Beauvoir. Mais do que nunca, corpos são entendidos não como naturais, mas como resultado dos discursos que se escrevem sobre eles. Aqui, o mar se abre em pelo menos duas ondas. De um lado, há quem defenda a necessária distinção entre transgêneros e cisgêneros (esta última denominação se refere a pessoas cujos corpos estariam adequados ao papel que desempenham na sociedade). De outro lado, há quem, como eu, ache esse binarismo mais uma forma de nos separar. Entram em cena a luta das pessoas intersexo, o urgente debate sobre a categoria "disforia de gênero" no manual de diagnóstico de doenças mentais, os travestis e suas marcações de raça e classe, e uma infinidade de novos desafios, descritos por Jacqueline Rose neste volume (pp. 109–146).

*

Se o diagnóstico de Nancy Fraser estiver certo, essa multiplicidade de modos de ação pode ser potente ou inócua, e as ondas podem tanto quebrar e varrer quanto se retrair em maré baixa. Como argumentei no início, no momento em que escrevo este ensaio estamos no ápice da quarta onda feminista, embaladas pela visibilidade dos diversos feminismos, pela possibilidade de alianças e coligações diante de inimigos comuns, e por um significante que tinha caído em desuso, mas acaba de voltar ao gosto das mulheres: sororidade. Análogo à fraternidade, marca em primeiro lugar a ideia — correta, penso eu — de que historicamente a fraternidade sempre foi entre irmãos. Herdamos da tradição grega e da filosofia moderna uma organização familiar na qual irmãos têm mais valor do que irmãs. Ainda não dicionarizada, seroridade quer expressar a solidariedade entre mulheres. No contexto dos feminismos contemporâneos, quer dizer apoio incondicional entre mulheres como estratégia de enfrentar principalmente as formas por vezes insidiosas de opressão masculina. Entra em cena um pequeno dicionário de machismo, com termos importados da cultura norte-americana, mas muito apropriados para situações brasileiras. Curiosamente, foram as feministas jovens que os trouxeram para o debate, talvez porque as gerações anteriores tenham de fato se cansado de brigar contra isso todos os dias. *Manterrupting*: o cara que não deixa você terminar uma frase; *bropriating*: sobretudo no ambiente de trabalho, o homem usa da força de seu discurso para se apropriar da ideia de uma mulher; *gaslighting*: um modo de tentar nos convencer que enlouquecemos ou somos emocionalmente incapazes; e o mais cotidiano, comum e irritante deles, o *mansplaining*: um homem te explicando didaticamente o óbvio, como se você, por ser mulher, fosse incapaz de entender. É como se ele viesse diretamente do século das Luzes para nos tirar das trevas da ignorância e do desconhecimento. Contra tudo isso, a sororidade propõe alianças de denúncia e crítica a fim de mostrar a misoginia nossa de cada dia.

Mantendo minha posição inicial, a de que os feminismos vão e vêm em ondas que, ao se aproximarem do pior, refluem para avançar novamente, me parece que a sororidade é dessas categorias indecidíveis com as quais nós estamos sempre lidando. Por um lado, pode ser potente para enfrentar um inimigo maior, tanto a tríade *patriarcado-racismo-capitalismo* descrita por Saffioti quanto o preconceito cotidiano dos pequenos gestos. Por outro lado, em nome da sororidade acho que não vale a pena abrir mão do caráter agonístico da política feminista, cuja força é desestabilizar as formas convencionais de organização. Coligações estão nas propostas de Butler, por exemplo, a fim de promover o que ela chama de "fundamentos contingentes", a união de diversos grupos vulneráveis em torno de causas comuns, ao invés da equivocada disputa pelo mesmo espaço. Na França, está em curso o que seria uma improvável aliança entre marxistas e pós-estruturalistas, ambas as correntes reconhecendo que as diferenças de abordagem não são maiores do que as proximidades. Pensar o sexo como discursivo, como fazem as pós-estruturalistas, não impede que se acrescente a isso a percepção das marxistas de que gênero, raça, classe e lugar de origem são marcadores de discriminação e também se sustentam em um discurso hegemônico. São modos de atuação para além da sororidade, porque não estão baseados no mero fato de sermos todas mulheres.

Nesse sentido, me parece interessante chegar ao fim incluindo mais uma iniciativa feminista emergente, a #partidA. Proposta pela filósofa Marcia Tiburi, a criação de um partido feminista brasileiro, a #partidA, começou a ser formada no início de 2015 como mais uma das iniciativas de canalizar a força dos movimentos de esquerda que estiveram nas ruas em 2013 (digo isso propositalmente sem entrar no debate de como as forças conservadoras foram mais competentes em carrear o desejo de mudança expresso naquele momento). Em vez de se tornar mais um partido para disputar eleições, está se constituindo como um movimento político que tem entre seus objetivos a ampliação da representação feminina no parlamento, seja no âmbito municipal, seja no estadual ou federal. É uma tentativa de nem ficar apenas nas ruas, nem apenas nas câmaras; nem só na militância, nem só na teoria, de não ser nem isso, nem aquilo, não estar nem aqui, nem lá.

Por fim, a vantagem de medir o feminismo em ondas está na potência da comparação com o mar. Ondas são fluxos e refluxos da água sobre a areia, são avanços do oceano sobre a terra, do fluído sobre o fixo. Ondas feministas são assim, investidas das mulheres sobre as interdições, como um mar que bate nas pedras até lhes modificar o perfil. Feministas são

tão vastas quantos os ocea nos e estão em permanente movimento para reduzir os continentes masculinos
de poder. A história da política feminista respira por
estas ondas que se erguem, acumulam, quebram e
varrem. A força dos feminismos está na sua dialética
infinita como horizonte.

PROBLEMAS DE GÊNERO NA E PARA A DEMOCRACIA

> *Nenhuma quantidade de vontade ou riqueza pode eliminar as possibilidades de doença ou de acidente de um corpo vivo, embora ambas possam ser mobilizadas a serviço dessa ilusão. Esses riscos estão embutidos na própria concepção da vida corporal considerada finita e precária, o que implica que o corpo está sempre à mercê de formas de sociabilidade e de ambientes que limitam sua autonomia individual.*
>
> JUDITH BUTLER[1]

Problema, argumenta a filósofa Judith Butler no prefácio de *Problemas de gênero*, talvez seja um termo que não precise ter um valor tão negativo. Ela lembra que no seu "primeiro discernimento crítico da

1. Butler, J. *Quadros de guerra – quando a vida é passível de luto?*. Rio de Janeiro: Record, 2015.

artimanha sutil do poder" percebeu que a lei sempre nos ameaça com problemas justamente para impedir que tenhamos problemas[2]. Ainda que por caminhos diferentes dos percorridos por Butler, descobri muito cedo que é impossível evitar problemas, como é de todo inútil ou mesmo indesejável. A rebeldia nos ensina que é melhor ter problemas por tê-los criados do que ter problemas por não mais poder criá-los. Nós, mulheres, sempre criamos problemas para as diferentes formas de governo. Foi assim que, na tragédia de Sófocles, Antígona teve problemas por enfrentar o poder soberano de Creonte, atitude lida por Hegel como indicação da necessária passagem da lei divina e familiar para a lei pública e estatal. No limiar da modernidade, na França revolucionária do século XVIII, Olympes de Gouges criou muitos problemas aos formuladores da paradoxal "Declaração Universal dos Direitos Humanos e dos Cidadãos", enunciado explícito da exclusão das mulheres do âmbito da universalidade. Dois séculos depois, coube à filósofa francesa marxista Françoise Collin criar problemas ao afirmar que nenhum país ocidental poderia se declarar uma democracia até que as mulheres também tivessem

2. Butler, J. *Problemas de gênero – feminismo e subversão da identidade*. Rio de Janeiro: Record, 2003.

conquistado o direito de votar, apontando o que seria a primeira grande crise de representação da democracia.

Este artigo parte do diagnóstico do filósofo franco-argelino Jacques Rancière, para quem democracia é o

> (...) poder de qualquer um, a indiferença das capacidades para ocupar as posições de governante e de governado. O governo político tem assim um fundamento. Mas esse fundamento o transforma igualmente em uma contradição: a política é o fundamento do poder de governar em sua ausência de fundamento. (...) A democracia não é nem uma sociedade a governar nem um governo da sociedade, mas é propriamente esse ingovernável sobre o qual todo governo deve, em última análise, descobrir-se fundamentado[3].

Nessa contradição apontada pelo autor, as marcações de gênero, raça e classe — mulheres, negras, homossexuais, pessoas trans, moradores de periferias — produzem as pessoas ingovernáveis sobre as quais

---

3. Rancière, J. *Ódio à democracia*. São Paulo: Boitempo Editorial, 2014.

o poder do Estado se impõe a fim de fundamentar o apagamento do que considero o ponto mais importante do diagnóstico de Rancière: democracia é uma forma de governo baseada na indistinção entre quem pode ser governado e quem pode governar. Digo o ponto mais importante a fim de segui-lo no argumento de que as democracias representativas são hoje, na sua grande maioria, oligarquias sustentadas sobre a ideia de que há uma diferença clara e distinta entre quem pode governar — os donos do saber e do dinheiro — e quem precisa ser governado, aqueles cujas marcações os colocam necessariamente em posição de subalternidade. É desta diferença, a rigor, inexistente no fundamento democrático que (mal) sobrevivem as democracias, mesmo aquelas que, para Rancière, estão buscando formas de aprimoramento em seus mais diversos adjetivos: deliberativa, agonística, porvir, radical, direta.

Odeia a democracia, segundo Rancière, todo aquele que pretende mantê-la restrita a uma forma de governo apropriada pelas oligarquias em nome da promoção de um bem comum para o povo. Amar a democracia é defendê-la como forma de organização social capaz de promover direitos a todos aqueles que nasceram sem nenhum título particular para exercer o poder, sem riqueza ou conhecimento. Escrito para influenciar o debate político francês — há pelo menos 10 anos marcado pelo avanço das forças de extrema-direita —, é um diagnóstico duro e cada vez mais atual de como a democracia está posta a serviço de manter o poder na mão de poucos, se valendo de argumentos técnicos (a capacidade de gestão), políticos (a necessidade de alternância no poder) e econômicos (contas públicas sob controle).

Que historicamente o privilégio do poder sempre foi masculino, sabemos. Na política como na economia, na cultura como na sociedade, a prevalência do masculino sobre o feminino tem — ainda que não exclusivamente — origem na separação entre público e privado, que vai pelo menos desde Antígona até a Revolução Francesa, e chega até os nossos dias sob o que Rancière chama de confinamento à esfera privada.

Foi o que aconteceu, por exemplo, com os trabalhadores, durante muito tempo considerados apenas no âmbito doméstico. Foi também o que aconteceu tradicionalmente com as mulheres, consideradas dependentes de seus pais ou maridos e restritas ao campo do casamento ou da família. Mas essas lutas não confirmam os "limites" da democracia. Elas confirmam, ao contrário, as capacidades de sua extensão. Essas formas polêmicas de extensão da democracia transbordam ao que se reduz, frequentemente, nas lutas das minorias defensoras de suas identidades. Trata-se antes de sair da condição de "minoria" na qual está a grande maioria dos humanos, confinados numa condição subalterna[4].

Para falar da condição feminina restrita ao âmbito privado e subalterna não bastaria recuperar a separação grega das funções do senhor e do escravo, do marido e da mulher, do pai e dos filhos[5]. Não bastaria porque aquela separação entre as funções na *pólis* e as funções na *oikos* se estabelecia em condições de co-pertencimento de uma esfera à outra, de tal modo que o acento estava na interdependência estabelecida na relação entre as diversas esferas e não na autonomia individual. É a crítica a esse ideal de autonomia individual que me interessa discutir neste artigo, mobilizando tanto Butler quanto a filosofia de Jacques Derrida.

DEMOCRACIA RADICAL E CRÍTICA À VIOLÊNCIA DE ESTADO

Na segunda onda feminista, iniciada a partir dos anos 1960, uma das palavras de ordem mais fortes era

4. "Em novo livro, filósofo Jacques Rancière analisa contradições do sistema representativo". *O Globo*, 06/09/2014. < http://oglobo.globo.com/cultura/livros/em-novo-livro-filosofo-jacques-ranciere-a-nalisa-contradicoes-do-sistema-representativo-13845708>
5. Aristóteles. *A política*. São Paulo: Martins Fontes, 1991.

"O privado também é público". Tratava-se desde ali de um problema, desses que, como propõe Butler, é melhor tê-los criado. E indicava a necessidade de "extensão" da democracia, para repetir os termos de Rancière. Quando as diferenças que inferiorizam as mulheres adentram os espaços públicos, o fazem de modo a interrogar a hegemonia do homem ocidental branco, heterossexual, reconhecido pelas instituições — sobretudo, pelo Estado — como sujeito de direitos e como senhor de um regime de validade de verdade sobre o que é o mundo.

A partir daqui, do meu ponto de vista, a tarefa política passa a ser esgarçar as separações que promovem exclusão e violência, e me parece interessante mobilizar os argumentos de Butler em defesa de uma democracia radical como instrumento de enfrentamento da violência de Estado, maior e mais aguda contra gêneros não inteligíveis na ordem normativa. A principal tarefa de uma democracia radical hoje seria enfrentar, confrontar, interrogar, questionar, fazer oposição à violência de Estado, esta que se justifica em função da defesa dos territórios, lucra com essa atividade e se fundamenta na força de exploração da precariedade dos corpos. Importante contextualizar o diagnóstico de Butler (1), que emerge na sua obra como modo de crítica à política externa norte-americana e suas guerras "em favor da democracia", sobretudo aquelas iniciadas a partir do 11 de setembro. Com Butler, pretendo argumentar que só haverá democracia (radical) quando e se qualquer corpo — independentemente da sua marcação de gênero, raça, classe, etnia ou religião — não estiver desigualmente exposto à violência estatal.

Na crítica à violência de Estado, o que está em jogo na filosofia de Butler é a "ontologia do corpo", noção com a qual se pode pensar a distribuição desigual da precariedade da vida a partir de marcadores de gênero, sexualidade e as sobreposições entre raça e classe.

O corpo é um fenômeno social: ele está exposto aos outros, é vulnerável por definição. Sua mera sobrevivência depende de condições e instituições sociais, o que significa que, para 'ser' no sentido de sobreviver, o corpo tem que contar com o que está fora dele (Butler, 2015).

Nessa ontologia corporal, passa a ser preciso pensar de que forma a democracia vem sendo mobilizada a fim de manter a separação entre corpos que merecem viver e corpos que merecem morrer, considerando que os corpos de mulheres, gays, lésbicas, jovens negros, pessoas trans, são corpos marcados e expostos à violência de Estado — seja direta, no número de autos de resistência da polícia militar em caso de morte de jovens negros; seja indireta, na violência perpetrada no aparelho estatal contra mulheres vítimas de estupro ou na falta de atendimento a mulheres em situação vulnerável por complicações em casos de aborto inseguro.

Articular o reconhecimento da vulnerabilidade dos corpos com o problema da democracia (radical) é minha estratégia de entrelaçar o debate sobre a ampliação de direitos que acredito estar presente no que se pretende ser um governo democrático. Dito em outras palavras, a sustentação do conceito de democracia, com todas as suas complexidades, é uma forma de operar a democracia, torcê-la, retorcê-la, a fim de enfrentar seus paradoxos, ponto em comum na reflexão dos autores que mobilizo aqui. Butler tem como alvo o individualismo da democracia liberal norte-americana e concentra sua crítica na pergunta: "podemos chamar de 'democracia' uma forma de poder político imposto antidemocraticamente?" (Butler, 2015). Ainda que tendo outro alvo, persegue caminho análogo o filósofo franco-argelino Jacques Derrida quando discute duas noções que me serão caras neste debate: a autoimunidade da democracia e a democracia porvir.

A noção de autoimunidade vem da medicina e define um tipo de doença em que o sistema imunitário fica desorientado e, ao invés de cumprir sua função de proteger, passa a atacar o organismo daquilo que deveria defender. A esse estranho mecanismo biológico de inversão, Derrida chamou de "lógica ilógica" na qual o "autos" do sujeito — aquilo que se costuma pensar como uma autonomia própria e constitutiva do eu — estaria exposto à sua própria impotência, dependência, vulnerabilidade e instabilidade. O processo autoimunitário servirá a Derrida para argumentar que não se pode desenvolver as ideias que fundamentam a democracia – liberdade, igualdade, povo e soberania, por exemplo – sem pensar num "eu" que é autoafirmativo, autoconsciente e decisório e cuja capacidade de escolher, de e para si, tem o objetivo de afirmar sua soberania como "eu". Não haveria, ele diz, liberdade — de escolha, de voto, de reunião, de expressão e de tudo isso que caracteriza o conceito de democracia — sem a concepção de um eu soberano que, no entanto, apontará ele, está desde sempre marcado pela impossibilidade de um fechamento, desde sempre exposto ao processo autoimunitário que lhe é constituinte.

Nessa aporia, nessa contradição em que o "eu" fundamenta a si mesmo marcado por essa desarticulação da autoimunidade, Derrida pensa que toda vida, para existir, tem que admitir o seu aspecto de não-vida, ou que, para aproximá-lo dos termos de

Butler, todo corpo vivo está exposto à sua possibilidade de morte. A autonomia do "eu sou" está, a partir daqui, contaminada pelo espectro e agora se diz "eu sou assombrado". Essa contradição interna inerente ao "eu" vai ser articulada por ele com a noção de *différance*, que considero um operador político potente no seu pensamento.

O pensamento do político tem sido sempre um pensamento da *différance* e o pensamento da *différance* sempre um pensamento do político, dos contornos e do limite do político, especialmente em torno do enigma ou da dupla injunção autoimune do democrático[6].

Por isso, antes de seguir adiante, me parece fundamental fazer uma breve pausa sobre a importância da noção de différance no pensamento de Derrida. A *différance* funciona como um operador que adia a relação com o outro — marca da imunidade — e ao mesmo tempo faz referência à inexorável relação com o outro — marca da autoimunidade.

O termo *différance* surge em 1967 pelo menos em dois livros de Derrida — *Gramatologia*[7] e *A voz e o fenômeno*[8] — antes de ser apresentado na conferência "*La différance*", de 1968, quando ele se propõe a

6. Derrida, J. *Voyous*. Paris: Galilée, 2003.
7. Derrida, J. *Gramatologia*. São Paulo: Perspectiva, 2004.

explicitar o que até então estava sendo gestado. É por isso que ele começa a conferência explicando que *dif-férance* é resultado de um "feixe" vindo de diferentes caminhos. A palavra "feixe" tem pelo menos duas razões para ser usada:

> (...) por um lado, não se tratará de descrever sua história, o que eu teria podido também fazer, de recontar suas etapas, texto por texto, contexto por contexto, mostrando cada vez qual economia impôs essa desregulamentação gráfica; mas sim o sistema geral desta economia. Por outro lado, a palavra "feixe" parece mais apropriada a marcar a semelhança proposta com a estrutura de uma imbricação, de um tecido, um cruzamento que poderá ser repartido em diferentes fios e diferentes linhas de sentido — ou de força — assim como está próximo de enredar outros[9].

Entre essas diferentes linhas de força estão a influência de Hegel, ora implícitas, ora explícitas, como na conferência de 1968, quando Derrida substitui a

8. Derrida, J. *A voz e o fenômeno*. Rio de Janeiro : Zahar, 1994.
9 Traduções da autora a partir do original em: Derrida, J. "La dif-férance". In: *Marges de la philosophie*. Paris: Minuit, 1972.

palavra francesa *différence* (sinônimo para diferença) por *différance*, equivalente a adiando e diferindo (do verbo francês *diférér*), hipóteses de traduções imperfeitas para o termo. Imperfeitas porque não conseguem dar conta da função da letra a, que tem como objetivo provocar uma impossibilidade de distinguir, pelo som, as palavras francesas *différence* e *différance*, obrigando os ouvintes da conferência a realizar a experiência de superar — conservando — a mera referência à oralidade. Passa a ser preciso, e isso importa particularmente a Derrida no contexto de sua crítica à primazia da linguagem fonética, guardar sempre uma relação com o texto escrito. Importante marcar esta como uma das funções da letra a, cuja alteração produz um termo equivalente ao nosso gerúndio, o que levaria a possibilidades de tradução como diferindo, adiando ou diferenciando. Se entendemos que a *Aufhebung* hegeliana contém dois movimentos — a conservação e a superação, superação esta em que o novo elemento contém o que foi superado —, podemos entender que a noção de *différance* em Derrida indica um movimento em que conservação e superação se dão simultaneamente, marcando a ligação indissolúvel entre o mesmo e a alteridade, de modo a acentuar que eu/outro, consciência natural/consciência de si são inseparáveis e insuperáveis.

Quando desenvolve a apresentação desta noção de *différance*, Derrida retorna ao texto de Koyré, "Hegel em Iena", marco inicial da leitura hegeliana na França, para se deter em um problema de tradução enfrentado por Koyré: como levar do alemão para o francês a expressão "*differente Beziehung*". Esta palavra alemã — "*differente*" — tem raiz latina e é de uso pouco comum não apenas no alemão, mas também no vocabulário de Hegel, que dá preferência a termos como *verschieden*, *ungleich*, ou *Unterschied* e *Verschiedenheit*, suas variações quantitativas. Numa nota de tradução sobre o uso da expressão "*differente Beziehung*", Koyré observa que "diferente" é o termo usado por Hegel para designar um tipo de diferença de "sentido ativo". É este sentido ativo que Derrida quer marcar com o uso do termo différance, quando afirma:

> Escrever '*différant*' ou '*différance*' (com a) poderia já ter a utilidade de tornar possível, sem outra observação ou definição, a tradução de Hegel nesse ponto particular que é também um ponto absolutamente decisivo de seu discurso. E a tradução será, como deve ser sempre, transformação de uma língua por outra. (9, p.15)

Com esta citação, busco marcar como Derrida faz aqui uma ligação direta do termo *différance* não apenas com o pensamento do jovem Hegel, mas sobretudo com a tradução — ou a transposição e a recepção — da filosofia hegeliana na França. Nesse percurso histórico, *différance* se articula com o problema da temporalidade, seja na consciência transcendental em Edmund Husserl; seja no horizonte transcendental da questão do ser, em Martin Heidegger; seja no conceito de inconsciente em Sigmund Freud, que será fundamental para o "questionamento da autoridade da consciência" que, para Derrida, será sempre diferencial. "A autoimunidade é uma maneira de levar em conta na política o que a psicanálise chamou de inconsciente", dirá o filósofo na sua operação de crítica ao sujeito soberano do poder e do saber.

No caminho de tornar a diferença uma diferenciação, Derrida estabelece uma "relação entre uma *différance* que se contabiliza e uma *différance* que não se contabiliza, em que o por em presença pura e sem perda se confunde com a perda absoluta, a morte". A filiação ao pensamento hegeliano que aparece explicitamente na formulação na noção de *différance* é outro modo de dizer que a *différance* funciona como a *Aufhebung*, ou seja, como um operador crucial na filosofia de Derrida que, como tal, pode ser mobilizado para pensar inúmeras das questões às quais seu pensamento se dedica. Foi com a *différance* que teorias feministas operaram o questionamento à identidade; as teorias *queers* operaram a crítica ao conceito de gênero; os estudos pós-coloniais repensaram a relação de subalternidade e o problema da *episteme* eurocêntrica; a bioética abriu caminho para interrogar a tradição de distinção entre humano/inumano; e a política encontra outro modo de contabilizar o processo democrático como necessariamente aberto à superação e forçosamente exposto ao que resta de incompleto em cada superação.

Différance será a maneira de Derrida pensar a impossibilidade da democracia enquanto tal ou, nos termos de Butler já mencionados acima, de perguntar de que modo é possível chamar de democracia qualquer tipo de poder político imposto antidemocraticamente. É o que se verifica nas guerras dos EUA contra os chamados *rogues states*, aqueles que, por serem considerados fora do ordenamento jurídico democrático, são invadidos, combatidos, violados em nome da democracia, tema que também inspira as críticas de Butler ao governo dos EUA. Ambos os pensadores estão denunciando a contradição sobre a qual se fundamenta a violência de Estado contra formas não inteligíveis de vida, sejam estas formas estatais — como no caso dos *rogues states* — ou individuais — como na violência institucional contra todas as pessoas com marcadores de gênero que não podem ser apreendidas pela norma.

DERRIDA E BUTLER, IMUNIDADE E AUTOIMUNIDADE, DEMOCRACIA E ESTADO DE EXCEÇÃO

Articular os problemas da democracia com os problemas de gênero me levou a, mais uma vez, articular dois pensadores — Derrida e Butler — que tenho posto em contato há alguns anos[10]. Meu objetivo tem sido pensar como, a partir dos dois, cada um a seu modo, é possível formular uma crítica à democracia liberal representativa. Derrida, nascido na Argélia, traz como exemplo da autoimunidade da democracia um episódio político de seu país natal. Em 1992, na Argélia pós-colonial, eleições democráticas escolheram para o governo um partido identificado com o islamismo. Naquele momento, conta o filósofo, "o governo argelino e uma parte importante, embora não majoritária, do povo argelino, consideraram que o processo eleitoral em curso conduziria democrati-

10. Rodrigues, C. *Coreografias do feminino*. Florianópolis: Ed. Mulheres, 2009 e Rodrigues, C. *Duas palavras para o feminino*. Rio de Janeiro: Faperj/NAU Editora, 2013.

camente ao fim da democracia. Preferiram, por isso, eles mesmos pôr-lhe fim. Decidiram soberanamente suspender, pelo menos provisoriamente, a democracia *para o seu bem* e para a proteger, para a imunizar contra o pior e a mais provável agressão" (6).

Esta relação inextricável entre democracia e estado de exceção[11], entre uma democracia que, para continuar existindo, depende de instituir, ela mesma, um estado de exceção que lhe retira o próprio caráter democrático, é o que Derrida identifica como a relação de co-implicação entre imunidade e autoimunidade, a diferença ativa — ou a *différance* — em que se dá diferimento como adiamento, em que a economia geral da democracia exige uma economia restrita à democracia. Por esse caminho, Derrida faz sua crítica à autonomia individual, ao pensar as condições de (im)possibilidade da soberania que fundamentaria a noção de democracia.

Já em Butler, a crítica à democracia liberal e à autonomia individual passa pela formulação da noção de ontologia corporal e por uma maneira muito peculiar de perceber a centralidade da condição precária de todo corpo vivente como forma de interrogar o conceito de indivíduo como centro da política. Por

11. Teles, E. *Democracia e estado de exceção*. São Paulo: Editora Fap--Unesp, 2015.

fim, gostaria de lembrar que reuni a esses dois autores a crítica de Rancière à democracia, por considerá-la não apenas co-pertencente a esse ambiente de pensamento mas, sobretudo, por acreditar que, com Rancière, posso pensar como é pertinente articular o ódio à democracia ao ódio a toda forma de vida cuja marcação de gênero a faça ininteligível diante das estruturas normativas que sustentam os regimes democráticos. Em outras palavras, o que pretendi fazer foi conjugar dois tipos de ódio, ambos manifestos como formas de violência — estatal ou não — contra corpos vulneráveis e tidos como ingovernáveis apenas por aqueles que se acham com o privilégio de governar.

CaDERNOS ULTRAMARES

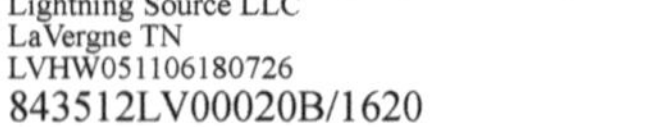